繽紛千謎

張　健著

精緻小品

國家圖書館出版品預行編目資料

繽紛千謎 / 張健著. -- 初版. – 臺北市：文
　史哲，民 93
　　面：　公分. -- (精緻小品；2)
　ISBN 957-549-548-9 (平裝)

1.謎語

997.4　　　　　　　　　　　93003948

精　緻　小　品　　②

繽　紛　千　謎

著　　者：張　　　　　　　　　　健
出版者：文　史　哲　出　版　社
http://www.lapen.com.tw
登記證字號：行政院新聞局版臺業字五三三七號
發行人：彭　　　　正　　　　雄
發行所：文　史　哲　出　版　社
印刷者：文　史　哲　出　版　社
　　　臺北市羅斯福路一段七十二巷四號
　　　郵政劃撥帳號：一六一八○一七五
　　　電話886-2-23511028 · 傳真886-2-23965656
實價新臺幣一○○元
中華民國九十三年 (2004) 四月初版

自　序

　　謎語是我國文化中的文字小技之一，但其中也涵有不少學問，有文字學、聲韻學、訓詁學、詩文掌故，甚至經典知識、新聞常識等。不可純以小道忽視之也。

　　謎者，迷也，它是迷人的產品；謎者，密也，它是細密的作品；謎者，秘也，它是神秘的東西；謎者蜜也，猜中了謎底，心中必快慰甜蜜。

　　我在二十多年前即開始為自娛（只有一度應電視臺之邀作了一百多個元宵燈謎）而作謎，至今積有數百，整理一下，再加寫若干，已逾一千，予以付梓，以饗廣大讀者，亦今春一大快事也。

　　我的謎語，力求雅俗共賞，同時思路也不過分曲折怪異，請大家指教。

　　對現代文學作家及作品的重視，是本集
的一大特色，乃以十七位諾貝爾文學獎得主
殿後，並請高行健壓軸（按：「蕩蕩上帝」
出自詩經，「自強不息」本於易經），功德於
焉完滿。

　　　　　張　　健
　　　　甲申新春，九三年二月，二〇〇四。

繽紛千謎

1. 國慶文化：打一字

   花

2. 也許在方寸之中：打一字

   國

3. 心地善良：打一字

   怜

4. 雕龍：歇前格，打一字

   忿

5. 老子：打一食物

   木耳

6. 猜：水滸人綽號

   青面獸

7. 垂垂老矣：打一字

   匕

8. 殺風景：女星名，去姓，捲廉格

   小凡

9. 情侶裝：三國人名

   呂布

10. 河南旱災：當今大名人

　　　　　　陳水扁

11. 兩朵並蒂荷：當今大名人

　　　　　　呂秀蓮

12. 老子：當今名人

　　　　　　李遠哲

13. 還債：當今名人

　　　　　　錢復

14. 往日心情：打一字

　　　　　　惜

15. 茅屋：杜甫詩篇名

　　　　　　草堂

16. 荊戶：杜甫詩篇名

　　　　　　柴門

17. 西席閉戶：宗教名

　　　　　　密教

18. 晴天不見太陽：打一字

　　　　　　青

19. 下雨天作文：打一字

　　　　　　雯

20. 水田：打一字

　　　　　　雷

21. 雨說：打一字

　　　　　　雲

22. 雨失蹤：打一字

　　　　　　　　霽

23. 火柴：打一字

　　　　　　　　杰

24. 囚艦：打一字

　　　　　　　　監

25. 火燒島：打一字

　　　　　　　　烏

26. 日照蘆葦叢：三國人名

　　　　　　　諸葛亮

27. 建設臺灣：典論論文一語

　　　　　　　經國之大業

28. 籠中鳥：三國人名

　　　　　　　關羽

29. 振翼：三國人名

　　　　　　　張飛

30. 邯鄲天空：三國人名

　　　　　　　趙雲

31. 第一名駒：三國人名

　　　　　　　馬超

32. 明目敞膽：三國人名

　　　　　　　張昭

33. 兩小連心：打一字

　　　　　　　秋

34. 問路：打一字

35. 欠債灌酒：打一字

36. 某夜：打一字

37. 我的家鄉：打一字

38. 樹木監獄：打一字

39. 監牢島：打一字

40. 牛的領地：打一字

41. 太陽樹：打一字

42. 天上日出：打一字

43. 三週：打一字

44. 閒話週休二日：打一字

45. 林務局所有：打一字

謎
歡
歹
野
困
泅
生
呆
昊
昔
晤
松

46. 天堂地獄合併：打一字

　　　　　　　卡

47. 家中只一人：打一字

　　　　　　　閃

48. 天上人間：打一字

　　　　　　　吞

49. 忝：明星名

　　　　　　天心

50. 不共戴天：打一字

　　　　　　　大

51. 是：成語一

　　　　　日正當中

52. 專家監獄：打一字

　　　　　　　團

53. 不是竹筷子：打一字

　　　　　　　快

54. 不是牛犢：打一字

　　　　　　　賣

55. 不是草類：打一字

　　　　　　　菲

56. 好女兒走了：打一字

　　　　　　　子

57. 獸文：打一字

　　　　　　　狗

58. 與林旺爲友：打一字

像

59. 四千金：打一字

買

60. 分開兩國領袖：打一字

班

61. 馬德里之花：打一字

要

62. 專射紅豆：打一字

短

63. 三週夭折：打一字

借

64. 名嘴：打一字

售

65. 家債：打一字

歌

66. 主人的寶貝：打一字

債

67. 王冠：打一字

主

68. 一山更比一山高：打一字

出

69. 祖先出山：打一字

崇

70. 謾罵：打一字

　　　　　　　噁

71. 三十條羊：打一字

　　　　　　　善

72. 天啊，小了一點：打一字

　　　　　　　忝

73. 為老公吹牛：運動名

　　　　　　　高爾夫

74. 母豬在屋內：打一字

　　　　　　　嫁

75. 帝王之鄉：打一字

　　　　　　　理

76. 警察索賄：打一字

　　　　　　　擦

77. 三心草：打一字

　　　　　　　蕊

78. 骨科醫生：打一字

　　　　　　　骰

79. 大力士結婚：打一字

　　　　　　　嘉

80. 話說遠了：打一字

　　　　　　　這

81. 消防員：打一字

　　　　　　　伙

---

82. 雌性太陽：國名

83. 宰相胸襟：打一字

84. 好手：打一字

85. 客卿：汽車品牌

86. 聯合工作：打一字

87. 好話：打一字

88. 果園：打一字

89. Old man：打一字

90. 駒：二字俗語

91. 只關一人：打一字

92. 上古樹葉：打一字

93. 死在水裡：打一字

尼日
想
搞
賓士
拾
誰
夥
佬
馬子
同
袋
沒

94. 值日生：打一字

　　　　　　　　星

95. 三百十天：打一字

　　　　　　　　朝

96. 老子入睡：歐文名著

　　　　　　　李伯大夢

97. 屋裡的主人：打一字

　　　　　　　　害

98. 女主人：打一字

　　　　　　　　毒

99. 司機：莊子人物

　　　　　　　　接輿

100. 勞動力：打一字

　　　　　　　　功

101. 我的風水：打一字

　　　　　　　　淦

102. 林中一匹布：打一字

　　　　　　　　楚

103. 壯丁手段：打一字

　　　　　　　　打

104. 蒙古史：科舉名銜

　　　　　　　　狀元

105. 農田水利：打一字

　　　　　　　　濃

106. 豬言豬語：打一字

　　　　　　　　　該

107. 瘋言瘋語：打一字

　　　　　　　　　誑

108. 洋：生理名詞

　　　　　　　　羊水

109. 一打缺一人：打一字

　　　　　　　　　吉

110. 天才寶貝：打一字

　　　　　　　　　財

111. 湖北方言：打一字

　　　　　　　　　讓

112. 金剛圍牆：臺省地名

　　　　　　　八堵

113. 天涯海角：宜蘭地名

　　　　　　　蘇澳

114. 小人之言：打一字

　　　　　　　　謝

115. 旱災難民潮：打一字

　　　　　　　　趕

116. 稻秀日光：打一字

　　　　　　　　香

117. 肉包菜包：打一字

　　　　　　　　孢

118. 我要走了：打一字

　　　　　　　　途

119. 控：成語一

　　　　　　妙手空空

120. 余：成語一

　　　　　　半途而廢

121. 濕而無憾：打一字

　　　　　　　　需

122. 車停山丘邊：打一字

　　　　　　　　陣

123. 三人行：打一字

　　　　　　品、众

124. 兩人十五心：打一字

　　　　　　　　德

125. 走入甬道：打一字

　　　　　　　　通

126. 作：成語一

　　　　　　不速之客

127. 土地至上：打一字

　　　　　　　　堂

128. 亭中佳人：打一字

　　　　　　　　婷

129. 藍天心：打一字

　　　　　　　　情

130. 行政院賣肉：打一字

　　　　　　　　腐

131. 印第安人頭飾：打一字

　　　　　　　　翻

132. 女胎：打一字

　　　　　　　　妹

133. 午間新聞：打一字

　　　　　　　　許

134. 言論客觀：打一字

　　　　　　　　評

135. 咩咩：打一字

　　　　　　　　詳

136. 陰翳滿天：臺灣地名

　　　　　　　　雲林

137. 三月出頭：戰國公子

　　　　　　　　春申君

138. 大丈夫心聲：打一字

　　　　　　　　誌

139. 樹眼：打一字

　　　　　　　　相

140. 漢朝名優：六朝人名

　　　　　　　　劉伶

141. 詩人求知音：明人名

　　　　　　　　文徵明

142. 減：成語一

　　　　　感激不盡

143. 打稻場失火：打一字

　　　　　秋

144. 二十兩雨水：打一字

　　　　　滿

145. 才俊名冊：打一字

　　　　　顏

146. 焚書：打一字

　　　　　煩

147. 財上加財：打一字

　　　　　賀

148. 夊蟲：打一字

　　　　　終

149. 太陽進門、碟子說話：人物名

　　　　　間諜

150. 文本：打一字

　　　　　願

151. 原來兒子已不小：打一字

　　　　　厚

152. 站在陽光下：打一字

　　　　　昱

153. 廟中日出：打一字

　　　　　時

154. 長白山大火：打一字

　　　　　　　焚

155. 侏儒財多：市井語

　　　　　　　付賬

156. 屋裡山谷：打一字

　　　　　　　容

157. 請人作序：打一字

　　　　　　　救

158. 戰功赫赫：大陸地名

　　　　　　　武漢

159. 家長和教主：打一字

　　　　　　　爺

160. 國王掉了一根筋：打一字

　　　　　　　工

161. 滿嘴烈火：打一字

　　　　　　　啖

162. 義肢：打一字

　　　　　　　捌

163. 英國女王：打一字

　　　　　　　皇

164. 兩个宰相：打一字

　　　　　　　箱

165. 水土相濟：海洋名

　　　　　　　地中海

166. 我瞎一眼：打一字

　　　　　　找

167. 一月分兩份：打一字

　　　　　　用

168. 特使：打一字

　　　　　　傳

169. 居：歷史名詞

　　　　　木乃伊

170. 官話：打一字

　　　　　　君

171. 平治水災：打一字

　　　　　　法

172. 濟南水荒：打一字

　　　　　　齊

173. 燈節烤肉入彼唇：成語一

　　　　　膾炙人口

174. 牛縮尾巴張大口：打一字

　　　　　　告

175. 汪：化學名詞

　　　　　王水

176. 二水鬧水災：打一字

　　　　　　淼

177. 三蘇父子夜話：打一字

　　　　　　囌

178. 三皇五帝都辛苦：打一字

　　　　　　　辜

179. 二十四夜：打一字

　　　　　　　夢

180. 成全承諾：打一字

　　　　　　　說

181. 長期病患：打一字

　　　　　　　疚

182. 公田：打一字

　　　　　　　思

183. 屋中一匹布

　　　　　　　定

184. 兩人一剮足：打一字

　　　　　　　偷

185. 雙漢奪日：打一字

　　　　　　　替

186. 袁世凱下臺：打一字

　　　　　　　遠

187. 神農嘗百草：打一字

　　　　　　　苦

188. 口罩：打一字

　　　　　　　哀

189. 牧童：打一字

　　　　　　義、伴

190. 蘇州官話：打一字

191. 小米：打一字

192. 我有一口田：打一字

193. 道旁樹：打一字

194. 長文：打一字

195. 三心八意：打一字

196. 十人罰站：打一字

197. 恭喜發財：打一字

198. 一斗米：打一字

199. 十一個女人：打一字

200. 三人曝日：打一字

201. 河裡撈金：打一字

誤
籽
偪
榜
夠
志
辛
詰
科、料
奸
春
淦

202. 屋裡兩口心連心：打一字

　　　　　　　　宮

203. 女法官：打一字

　　　　　　　　嬸

204. 十日並出：打一字

　　　　　　　　早

205. 另一類性愛：打一字

　　　　　　　　咬

206. 證：成語一

　　　　　　登高一呼

207. 上帝的拐杖：人物名

　　　　　　神棍

208. 出賣傳家寶：打一字

　　　　　　　　贖

209. 都是女人惹禍：打一字

　　　　　　　　滅

210. 羊肉可口：打一字

　　　　　　　　羹

211. 九江林木：打一字

　　　　　　　　染

212. 古吾：成語一

　　　　　　七嘴八舌

213. 三週金榜：打一字

　　　　　　　　錯

214. 二臣爭寶：打一字

　　　　　　　　賢

215. 海軍戴圍巾：俗語

　　　　　　　渾帳

216. 摘日：打一字

　　　　　　　最

217. 月票：打一字

　　　　　　　勝

218. 一再發令施號：打一字

　　　　　　　冷

219. 海軍總司令：打一字

　　　　　　　泠

220. 心愛一餚：滄浪詩話語

　　　　　　　一味妙悟

221. 一名礦工落深穴：打一字

　　　　　　　空

222. 惑：成語一

　　　　　　　三心兩意

223. 生：成語一

　　　　　　　死去活來

224. 儀：成語一

　　　　　　　忘恩負義

225. 吃稻：打一字

　　　　　　　和

226. 十二點主播：打一字

　　　　　　　仵

227. 果然謹密：法師名

　　　　　　　證嚴

228. 哥：成語一

　　　　　　無藥可救

229. 飛魚躍日：打一字

　　　　　　　魯

230. 耳中米：成語一

　　　　　　低聲下氣

231. 禽：世界文學名著

　　　　　　異鄉人

232. 十五縣市：打一字

　　　　　　　考

233. 記：成語一

　　　　　　自言自語

234. 舉頭望不見明月：打一字

　　　　　　　壬

235. 芋：書法名

　　　　　　于草

236. 屋裡兩壯丁：打一字

　　　　　　　宇

237. 今天多了一點：打一字

　　　　　　　令

238.評議文：古書名

　　　　　　論語

239.二兒共一盆：古書名

　　　　　　孟子

240.人跟樹說話：打一字

　　　　　　休

241.舊屋子：作家名

　　　　　　老舍

242.休文屢喝大杯酒：清代作家

　　　　　　沈三白

243.草堆裡藏武器：作家名

　　　　　　茅盾

244.我要榮耀祖國：作家名

　　　　　　余光中

245.背棄黑暗：作家名

　　　　　　向明

246.莊子入睡鄉：作家名

　　　　　　周夢蝶

247.中立主義的美國總統：捲簾格作家名

　　　　　　羅門

248.一棵大樹，你一邊，我一邊：打一字

　　　　　　來

249.內急：打論語一句

　　　　　是可忍，孰不可忍也？

250. 長霓無遠弗屆：作家名

　　　　　　　亶虹

251. 荷仙：女詩人名

　　　　　　　蓉子

252. 中原精英：作家名

　　　　　　　夏菁

253. 亞洲人爭氣：作家名

　　　　　　　黃用

254. 夫差企聖：作家名

　　　　　　　吳望堯

255. 楚子問：歇後格，作家名

　　　　　　　周鼎

256. 牧駒長安：作家名

　　　　　　　司馬中原

257. 紅火紅火：作家名

　　　　　　　朱炎

258. 東方不安滿江紅：作家名

　　　　　　　朱西寧

259. 彩霞滿空：作家名

　　　　　　　朱天文

260. 山東河南是一家：歌星名

　　　　　　　齊豫

261. 堅守美麗：明星名

　　　　　　　鞏俐

262. 繁花遍野：艷星名

田麗

263. 白雲從焉：明星名

成龍

264. 姬旦助武王：明星名

周潤發

265. 八百壽翁乃英豪：出版家名

彭正雄

266. 漢王嚴陣以待：漢人名

劉備

267. 海王寢宮：三國人外號

臥龍

268. 明朝陽光法案：作家名

朱自清

269. 慢慢上天：作家名

徐志摩

270. 老子太白歸宗：作家名

李家同

271. 吾家雙喜：作家名

張大春

272. 渤海兄弟：作家名

黃海

273. 蜀：國名

巴西

274. 四川東部：國名

　　　　　　古巴

275. 島國：國名

　　　　　　海地

276. 四川駒夫：國名

　　　　　　巴拿馬

277. 騏驥奔伊朗：國名

　　　　　　馬來西亞

278. 河南男子：詩人名

　　　　　　洛夫

279. 莫想中秋月：詩人名

　　　　　　方思

280. 諸兒女排隊：古書名

　　　　　　列子

281. 暑假寒假都缺席：古書名

　　　　　　春秋

282. 不俗不俗：詩經二名

　　　　　　大雅小雅

283. 享譽遠洋：美作家名

　　　　　　海明威

284. 如來普渡：美作家名

　　　　　　佛克納

285. 不說話的小子：美作家名

　　　　　　愛默生

286. 千萬別說：大陸作家名

　　　　　　　莫言

287. 陛下想什麼：大陸作家名

　　　　　　　王安憶

288. 庫頁：大陸作家名

　　　　　　　北島

289. 美女休息：大陸作家名

　　　　　　　舒婷

290. 七國之末流：大陸作家名

　　　　　　　韓少功

291. 康成解經：大陸作家名

　　　　　　　鄭義

292. 高風亮節媲前賢：大陸學者名

　　　　　　　古遠清

293. 紡織工人：打一字

　　　　　　　紅

294. 第一等田地：打一字

　　　　　　　當

295. 唱歌日：打一字

　　　　　　　農

296. 美人：打一字

　　　　　　　儷

297. 古老棺材中：打一字

　　　　　　　居

298. 大晴天：打一字

　　　　　　　　　晶

299. 打掃庭院乃女功：打一字

　　　　　　　　　婦

300. 沒人作伴：打一字

　　　　　　　　　半

301. 兩條好羊：打一字

　　　　　　　　　養

302. 兒子吃瓜：打一字

　　　　　　　　　孤

303. 只會耍嘴皮：打一字

　　　　　　　　　另

304. 不是女人的乳房：打一字

　　　　　　　　　乃

305. 黃毛丫頭：打一字

　　　　　　　　　妙

306. 兩勺泥土：打一字

　　　　　　　　　均

307. 國君均產：政治名人

　　　　　　　　　王金平

308. 軍人本色：政治名人

　　　　　　　　　連戰

309. 南北美玉：政治名人

　　　　　　　　　宋楚瑜

310. 子期入閣：作家名

　　　　　　　　鍾肇政

311. 豫軍征楚：政治名人

　　　　　　　　陳定南

312. 吾家和氏璧：明星名

　　　　　　　　張曼玉

313. 莫斯科函谷關：古人名

　　　　　　　　蘇秦

314. 性無能：打一字

　　　　　　　　心

315. 二十有餘：打一字

　　　　　　　　茄

316. 江水文靜：古國名

　　　　　　　　波斯

317. 六六大順：打一字

　　　　　　　　喆

318. 遙控器半失靈：打一字

　　　　　　　　哭

319. 瞎子失明：打一字

　　　　　　　　亡

320. 串門子：打一字

　　　　　　　　閃

321. 擺龍門陣：打一字

　　　　　　　　犇

322. 高山族：臺灣小說名
　　　　　　　原鄉人

323. 有金有土，綽綽有餘：政治名人
　　　　　　　游錫堃

324. 囚困山澗中：捲簾格，本省地名
　　　　　　　谷關

325. 大人物不見人影：打一字
　　　　　　　韋

326. 祖先失踪：打一字
　　　　　　　足

327. 二鳥雙飛一失踪
　　　　　　　隻

328. 玄德入洋濕：人體一物
　　　　　　　瀏海

329. 謹守規矩：三國人名
　　　　　　　法正

330. 太公的釣絲：三國人名
　　　　　　　姜維

331. 龍駒飛躍：三國人名
　　　　　　　馬騰

332. 高架上的典籍：古書名
　　　　　　　尚書

333. 別往右邊遞：古書名
　　　　　　　左傳

334. 動物學家寫史書：古書名

　　　　　公羊傳

335. 柴米油鹽醬醋茶各成一邦：歷史名詞

　　　　　七國

336. 跟青天白日滿地紅打鬥：歷史名詞

　　　　　戰國

337. 何：三字俗語

　　　　　可人兒

338. 仿：四字成語

　　　　　正人君子

339. 雅利安：打一字

　　　　　伯

340. 人埋坑中不見土

　　　　　俚，伉

341. 言論公園：古書名

　　　　　說苑

342. 和尚大聚會：古書名

　　　　　高僧傳

343. 元宵報導文學：古書名

　　　　　傳燈錄

344. 笑對夜空伸手：古書名

　　　　　指月錄

345. 男人必讀：古書名

　　　　　漢書

346. 不說暗話：古書名

　　　　　　明史

347. 淘寶錄：古書名

　　　　　　金史

348. 好媳婦：大陸作家名

　　　　　　臧克家

349. 良偶：美國小說名

　　　　　　好妻子

350. 幼子：美國小說名

　　　　　　小男兒

351. 國風遺韻：美國小說名

　　　　　　十五小英雄

352. 風水券：美國小說名

　　　　　　飄

353. 有錢能使鬼推磨：美國明星名

　　　　　　亨利方達

354. 二十三點五十分：美國小說名

　　　　　　夜未央

355. 超級強國危機：美國小說名

　　　　　　美國的悲劇

356. 芙蓉：捲簾格，地名

　　　　　　花蓮

357. 筍子：地名

　　　　　　新竹

358. 三人結義古猶今：地名

　　　　　　　桃園

359. 高壽爬虫成京觀：地名

　　　　　　　龜山

360. 不見藍軍只見海：地名

　　　　　　　綠島

361. 不見雜花只見海：地名

　　　　　　　蘭嶼

362. 簡文帝修養真好：明星一

　　　　　　　王靜瑩

363. 謝安不說話：六字成語

　　　　　　　言教不如身教

364. 考了第一：大學名

　　　　　　　逢甲

365. 不偏不倚：大學名

　　　　　　　中正

366. 孫文逸仙：大學名

　　　　　　　中山

367. 左右逢源：大學名

　　　　　　　中央

368. 福爾摩沙：大學名

　　　　　　　臺灣

369. 孔子孟子：捲簾格，大學名

　　　　　　　師大

370. 人類業績：大學名

　　　　　　　　文化

371. 德有鄰：大學名

　　　　　　　　輔仁

372. 古國復活：大學名

　　　　　　　　東吳

373. 南海兄長：大學名

　　　　　　　　東海

374. 滿族之都：大學名

　　　　　　　　清華

375. 江蘇浙江：大學名

　　　　　　　　東華

376. 表揚善行：大學名

　　　　　　　　嘉義

377. 團結就是力量：大學名

　　　　　　　　聯合

378. 黃河流域坦蕩蕩：大學名

　　　　　　　中原

379. 安寧爽神：大學名

　　　　　　　　靜宜

380. 光復華夏：大學名

　　　　　　　　中興

381. 失敗之子：大學名

　　　　　　　　成功

382. 太白仰天：作家名

　　　　　　　李昂

383. 真爽：作家名

　　　　　　　舒暢

384. 地球三分之二：大學名

　　　　　　　海洋

385. 伸臂無言：作家名

　　　　　　　張默

386. 琴瑟史：作家名

　　　　　　　紀弦

387. 黃昏雨知音：詩人名

　　　　　　　商略

388. 殷朝老鳥：詩人名

　　　　　　　商禽

389. 芭樂：詩人名

　　　　　　　碧果

390. 又酸又苦：詩人名

　　　　　　　辛鬱

391. 太白入閣：科學家名

　　　　　　　李政道

392. 塡海今人：民國名人

　　　　　　　汪精衛

393. 襄公不擒二毛：民國名人

　　　　　　　宋教仁

394. 夷吾父子：詩人名

　　　　　　　　　管管

395. 農舍：古詞人號

　　　　　　　　　稼軒

396. 不是西山：古詩人號

　　　　　　　　　東坡

397. 隨遇而定：古詞人字

　　　　　　　　　易安

398. 傷心至極：古詞集名

　　　　　　　　　斷腸

399. 網中多殼：美作家名

　　　　　　　　　貝羅

400. 雨夜三巫師：打一字

　　　　　　　　　靈

401. 鬼說：打一字

　　　　　　　　　魂

402. 美國鬼：打一字

　　　　　　　　　魄

403. 田中生新苗：打一字

　　　　　　　　　由

404. 兩人合一：打一字

　　　　　　　　　夫

405. 你不是人：打一字

　　　　　　　　　佛，俳

406. 虎斑：打一字

407. 屋子裡各管各：打一字

408. 有山無谷：打一字

409. 一步成河：打一字

410. 手也是腳：打一字

411. 老闆：打一字

412. 此人聲音啞了：打一字

413. 一流古董：打一字

414. 復辟基地：打一字

415. 將心換心：打一字

416. 若有千言：打一字

417. 岳父大人：打一字

虔
客
欲
涉
跡
住
倍
賞
壁
悅
訐
仗

418. 滑水：打一字

　　　　　　　　淼

419. 草莽健漢：打一字

　　　　　　　　莊

420. 公務員入囹圄：打一字

　　　　　　　　圓

421. 寸土成山：打一字

　　　　　　　　峙

422. 寸土遮日：打一字

　　　　　　　　時

423. 寸土爲田：打一字

　　　　　　　　時

424. 雨天聖旨：打一字

　　　　　　　　零

425. 兩男一女不好玩：打一字

　　　　　　　　嬲

426. 多辛苦一些：打一字

　　　　　　　　若

427. 兩個主人難伺候：打一字

　　　　　　　　往

428. 雨天書：打一字

　　　　　　　　雯

429. 山東快信：作家名

　　　　　　　　魯迅

430. 文王生子：作家名

　　　　　　　　周作人

431. 河南嵩山：作家名

　　　　　　　　許地山

432. 子期頌詩：作家名

　　　　　　　　鍾敬文

433. 大禹治水平天下：作家名

　　　　　　　　夏濟安

434. 大禹想康熙：作家名

　　　　　　　　夏志清

435. 樹叢中細水長流：作家名

　　　　　　　　林泠

436. 隋代呼聲：作家名

　　　　　　　　楊喚

437. 柳林畜羊：作家名

　　　　　　　　楊牧

438. 北國令我憂：作家名

　　　　　　　　鄭愁予

439. 周瑜：作家名

　　　　　　　　吳勝雄

440. 漢：古人名

　　　　　　　　劉邦

441. 老牛吟詩：打一字

　　　　　　　　牧

442. 小馬推敲：打一字

　　　　　　駒

443. 隋運休矣：運動員名

　　　　　　楊傳廣

444. 左史右史：運動員名

　　　　　　紀政

445. 天天造屋：唐詩人名

　　　　　　常建

446. 貴族造橋：唐詩人名

　　　　　　王建

447. 楊花落蒙古：唐詩人名

　　　　　　柳宗元

448. long live the king：唐詩人名

　　　　　　王昌齡

449. 保皇黨：捲簾格，唐詩人名

　　　　　　王維

450. 亞聖真傳人：唐詩人名

　　　　　　孟浩然

451. 太白拜年：唐詩人名

　　　　　　李賀

452. 溫柔處世：唐詩人名

　　　　　　韋應物

453. 暴發戶：唐詩人名

　　　　　　錢起

454. 春果強身：唐詩人名

李益

455. 掌管朝陽：唐詩人名

司空曙

456. 老子平天下：唐代功臣名

李靖

457. 屋中長命人：唐代功臣名

房玄齡

458. 繮繩：音樂家名

馬勒

459. 殼中芳香：音樂家名

貝多芬

460. 國衰奈何：音樂家名

蕭邦

461. 太白天才：音樂家名

李斯特

462. 甘霖沾桔：大文豪名

雨果

463. 頌忠揚孝：大文豪名

歌德

464. 額外兵員：大文豪名

但丁

465. 廚缸：大文豪名

米爾頓

466. 表彰偉人：古代文人名

揚雄

467. 武人升官：古代文人名

司馬遷

468. 畜牧經：古代文人名

司馬談

469. 河南哲學：古代學者名

鄭玄

470. 沒有笑容的國君：古代學者名

王肅

471. 四川寶藏：作家名

巴金

472. 劣玉：作家名

丁玲

473. 蘇州名山壓金陵：學者名

邱鎮京

474. 新店：成語一

開張大吉

475. 口惠：打一字

嗯

476. 大吹特吹：美國明星

蓋博

477. 爸爸：古人名

老子

478. 大農舍：古人名

莊子

479. 殺我吧：古人名

宰予

480. 男留學生：親屬名

外甥

481. 長晴：臺灣文學一

雨季不再來

482. 銀色世界：現代科技名

電影

483. 還差七十滿分：作家名

三毛

484. 天降漢君：作家名

劉大任

485. 大小不分：打一字

尖

486. 斌：成語一

出將入相

487. 誠：文化界用詞

殺青

488. 楪：英國名著

蘋果樹

489. 作文丁等：打一字

訂

490. 兩口子十畝田：打一字

491. 同心：打一字

492. 攜妾同行：打一字

493. 黑狗：打一字

494. 一勺黃金：打一字

495. 包皮：打一字

496. 一人兩塊地：打一字

497. 和尚的手：打一字

498. 獨吞寶物：打一字

499. 林務局告示：打一字

500. 陶藝完工：打一字

501. 上小桌：打一字

單
感
接
默
釣
袍
佳
持
貼
禁
盛
凳

502. 麵包樹：打一字

503. 哪：三字口語

504. 好心：打一字

505. 三月二虫：打一字

506. 二臣爭地：打一字

507. 讀書人上市場：打一字

508. 李杜韓柳：打一字

509. 蓋上臉盆：打一字

510. 未來食物：打一字

511. 頭巾：打一字

512. 新砍的木柴：打一字

513. 銳眼力士：打一字

某

那口子

慢

蠢

堅

賣

做

盒

味

常

薪

助

514. 連砍十一刀：打一字

　　　　　　　　刊

515. 山東水災：打一字

　　　　　　　　濟

516. 三十天即衰：人物

　　　　　　　　月老

517. 刀子口，溫和手：打一字

　　　　　　　　招

518. 屋裡天才：打一字

　　　　　　　　閉

519. 晚上胃口好：打一字

　　　　　　　　名

520. 不用喉唇齒說：打一字

　　　　　　　　話

521. 東海結冰：打一字

　　　　　　　　凍

522. 江河報導：打一字

　　　　　　　　瀉

523. 二哥：打一字

　　　　　　　　況

524. 各走各的：打一字

　　　　　　　　路

525. 說話的姿勢：打一字

　　　　　　　　試

526. 傻子：打一字

　　　　　　　　　　保

527. 師父傳道義：籃球名人

　　　　　　　　　　傅達仁

528. 九十九：打一字

　　　　　　　　　　白

529. 白人心態：打一字

　　　　　　　　　　怕

530. 三人種稻：打一字

　　　　　　　　　　秦

531. 延長發言：打一字

　　　　　　　　　　誔

532. 竹林閒立：打一字

　　　　　　　　　　笠

533. 兩個都像軍人：球類名

　　　　　　　　　　乒乓

534. 求渡：書店名

　　　　　　　　　　問津堂

535. 全球一心：機構名

　　　　　　　　　　聯合國

536. 稀有植物：打一字

　　　　　　　　　　椅

537. 小太陽生在大太陽上：打一字

　　　　　　　　　　昌

538. 聖諭：打一字

璋

539. 他不是人：打一字

也

540. 我知卿心：打一字

您

541. 洛陽花草：打一字

落

542. 馬克斯主義：古詩人

左思

543. 右邊忘擦香水：古詩人

左芬

544. 迷糊國君：古詩人

王衍

545. 御駕親征：古詩人

王戎

546. 高下懸殊：黑澤明名作

天國與地獄

547. 赤毛：黑澤明名作

紅鬍子

548. 萬夫莫近：黑澤明名作

大鏢客

549. 謁大教堂：法國名作家

福樓拜

550. 蠶災：法國名作家
　　　　　　莫泊桑
551. 好陰森：捲簾格，作家名
　　　　　　林良
552. 大家說：打一字
　　　　　　信
553. 鶯鶯：打一字
　　　　　　催
554. 凡人之眼：打一字
　　　　　　眠
555. 和尚非人：打一字
　　　　　　曾
556. 竹下小人：打一字
　　　　　　符
557. 粵人上肢：打一字
　　　　　　擴
558. 人魚：打一字
　　　　　　伴
559. 汲井無水：打一字
　　　　　　及
560. 你我之衣裳：打一字
　　　　　　依
561. 安心躺在木板床上：打一字
　　　　　　案

562. 倉庫裡只一人：打一字

　　　　　　　　合

563. 柴木配給票：打一字

　　　　　　　　標

564. 淮河十里：打一字

　　　　　　　　準

565. 太陽失踪：打一字

　　　　　　　　易

566. 月亮搖搖欲墜：打一字

　　　　　　　　脆

567. 蠶林重病：美國作家

　　　　　　　　霍桑

568. 英德法語：美國作家

　　　　　　　　歐文

569. 苦鬥：美國作家

　　　　　　　　辛格

570. 東都主：神名

　　　　　　　　洛神

571. 國君笑了：古詩人名

　　　　　　　　王粲

572. 春樹月色：古詞人名

　　　　　　　　李清照

573. 鄉間美景：日本小說家

　　　　　　　　村上春樹

574. 江邊健漢：日本小說家

川端康成

575. 炎日眼疾，以岩爽口：日本小說家

夏目漱石

576. 嶺上樂師：日本名小說

山之音

577. 犯下天條：日本名小說

破戒

578. 不是人是畜生：日本名小說

我是貓

579. 養尊處優的男子：日本名小說

少爺

580. 京都古廟：日本名小說

金閣寺

581. 飛騰良驥：日本名小說

奔馬

582. 四顧無人見綠洲：三毛作品

撒哈拉故事

583. 我願向父老懺悔：白先勇作品

孽子

584. 故里夥伴們：白先勇作品

臺北人

585. 趕鳥紀事：三毛作品

稻草人手記

586. 沙漠淚：三毛作品

　　　　　　哭泣的駱駝

587. 卿卿我我燈熄時：三毛作品

　　　　　　溫柔的夜

588. 看不見你的臉：三毛作品

　　　　　　背影

589. 孟浩然的睡鄉：三毛作品

　　　　　　夢裡花落知多少

590. 長年遊：三毛作品

　　　　　　萬水千山走遍

591. 贈駒：三毛作品

　　　　　　送你一匹馬

592. 水源說：三毛作品

　　　　　　清泉故事

593. 倒了北京：三毛作品

　　　　　　傾城

594. 交肝交肺：三毛作品

　　　　　　讀心

595. 一念奔馳：三毛作品

　　　　　　隨想

596. 愛兒：三毛作品

　　　　　　我的寶貝

597. 秀才造反：三毛作品

　　　　　　鬧學記

598. 凡心沸騰：三毛作品

　　　　　　　　滾滾紅塵

599. 右任不吃暈：作家名

　　　　　　　　于還素

600. yes：作家名

　　　　　　　　也斯

601. 生產經：出版機構

　　　　　　　　商務

602. 詩書易禮樂春秋：出版機構

　　　　　　　　聯經

603. 雲嘉南高屏：出版機構

　　　　　　　　五南

604. 增植左公柳：宋詩人名

　　　　　　　　楊萬里

605. 蘇州十里香：清詩人名

　　　　　　　　吳梅村

606. 四十九卦：歷史名詞

　　　　　　　　七七事變

607. 信：王維詩一句

　　　　　　　　但聞人語響

608. 鄉村小吃：杜甫詩一句

　　　　　　　　市遠盤飧無兼味

609. 帝開運河，名揚青史：出版家

　　　　　　　　楊榮川

610. 計賺驊騮：打一字

　　　　　　　　　扁

611. 胡適：成語

　　　　　　　　　四海歸心

612. 詩賦渡口：出版社

　　　　　　　　　文津

613. 宇宙洪蕪：作家名

　　　　　　　　　大荒

614. 搗蛋不過分：作家名

　　　　　　　　　小野

615. 我是大臣：作家

　　　　　　　　　上官予

616. 虔誠的儀式：方莘詩集

　　　　　　　　　膜拜

617. 整齊的璧玉：作家名

　　　　　　　　　方瑜

618. 五月初五：方旗詩集

　　　　　　　　　端午

619. 五首悼詩：方旗詩集

　　　　　　　　　哀歌二三

620. 失權的君主：作家名

　　　　　　　　　王大空

621. 比翼雙翔：現代散文集

　　　　　　　　　鳥不單飛

622. 父子離散：現代小說

　　　　　　家變

623. 不是水手：現代小說

　　　　　　背海的人

624. 上倡詩藝成風氣：作家名

　　　　　　王文興

625. 嚇人的東西：現代小說

　　　　　　玩具手槍

626. 海王宮升高：現代小說

　　　　　　龍天樓

627. 蒼蒼子時：現代小說

　　　　　　茫茫夜

628. 夜夜苦心：王生善劇作

　　　　　　碧海青天

629. 並非漣漪：王令嫻小說

　　　　　　漩渦

630. 愛兩次活兩次：王安祈劇作

　　　　　　再生緣

631. 國花：美國豔星

　　　　　　梅白麗

632. 牡丹和另類上帝：王孝廉作品

　　　　　　花與花神

633. 首都：王拓小說

　　　　　　臺北·臺北

634. 你回來吧：王拓小說

　　　　　　望君早歸

635. 光武帝的美麗女兒：中國小姐

　　　　　　劉秀嫚

636. 童年寒暑：張健詩集

　　　　　　鞦韆上的假期

637. 嫦娥降臨：張健詩集

　　　　　　敲門的月光

638. 草原芬芳：王尚義散文

　　　　　　野百合花

639. 陋巷婚事：王禎和小說

　　　　　　嫁粧一牛車

640. 一二三月：王禎和小說

　　　　　　三春記

641. 百看不厭：王禎和小說

　　　　　　美人圖

642. 百唱不厭：王禎和小說

　　　　　　人生歌王

643. 幻想國：王禎和小說

　　　　　　香格里拉

644. 花痴：王禎和小說

　　　　　　玫瑰玫瑰我愛你

645. 愛上靈魂之窗：王鼎鈞散文

　　　　　　情人眼

646. 元宵風光：王憲陽詩集
　　　　　　千燈

647. 江水漲了：王潤華詩集
　　　　　　高潮

648. 十分熱鬧：王德威論集
　　　　　　眾聲喧嘩

649. 愛的虧欠：王藍散文
　　　　　　相思債

650. 黎明久不來：王藍小說
　　　　　　長夜

651. 青天暗夜：王藍小說
　　　　　　藍與黑

652. 雨後奇觀：尹雪曼小說
　　　　　　彩虹

653. 叩之則應：水晶小說
　　　　　　鐘

654. 面目全無：水晶小說
　　　　　　沒有臉的人

655. 抱歉：水晶合集
　　　　　　對不起

656. 好事全謝了：公孫嬿小說
　　　　　　百合花凋

657. 飛燕姊妹：古龍小說
　　　　　　絕代雙驕

658. 人是物非：古龍小說

　　　　　　　多情劍客無情劍

659. 風骨凜然：古龍小說

　　　　　　　絕不低頭

660. 喜爲豪傑：古龍小說

　　　　　　　歡樂英雄

661. 空心客：古龍小說

　　　　　　　失魂人

662. 嫦娥入水：司馬中原散文集

　　　　　　　月光河

663. 四顧不見寸草：司馬中原小說

　　　　　　　荒原

664. 幽魂細說衷情：司馬中原小說

　　　　　　　靈語

665. 夏日午後灑涼身：司馬中原小說

　　　　　　　驟雨

666. 戰爭末日：司馬中原小說

　　　　　　　刀兵塚

667. 荒郊開店：司馬中原小說

　　　　　　　野市

668. 不敢回家：尼洛小說

　　　　　　　近鄉情怯

669. 我們：田原小說

　　　　　　　這一代

670. 恍然大悟：白先勇散文集

　　　　　　　　驀然回首

671. 雲：白萩詩集

　　　　　　　天空象徵

672. 納蕤思情結：白萩詩集

　　　　　　　自愛

673. 子孫萬代：白靈詩集

　　　　　　　後裔

674. 紅書：羊令野詩集

　　　　　　　血的告示

675. 不嫁：亦舒小說

　　　　　　　獨身女人

676. 大陸：吉錚小說

　　　　　　　海那邊

677. 聽聽看看：西西散文集

　　　　　　　耳目書

678. 秋來南飛：西西小說

　　　　　　　候鳥

679. 子夜驚豔：艾雯散文集

　　　　　　　曇花開的晚上

680. 此世不渝：艾雯小說

　　　　　　　生死盟

681. 沒完：朱天心小說

　　　　　　　未了

682. 少年物語：朱天文小說
　　　　　　　　小畢的故事

683. 八月臺北：朱天文小說
　　　　　　　　炎夏之都

684. 父子之間：朱白水劇作
　　　　　　　　親情深似海

685. 黎明：朱西寧小說
　　　　　　　　破曉時分

686. 初入幽暗：朱西寧小說
　　　　　　　　第一號隧道

687. 問時：朱西寧小說
　　　　　　　　現在幾點鐘

688. 金門大戰：朱西寧小說
　　　　　　　　八二三注

689. 八點薔薇：朱沉冬詩集
　　　　　　　　玫瑰的上午

690. 咱們分不開：朱炎散文集
　　　　　　　　我和你在一起

691. 洪荒時代：向明詩集
　　　　　　　　水的回想

692. 正面看不見：朵思詩集
　　　　　　　　側影

693. 一片荒蕪：宋澤萊小說
　　　　　　　　廢園

694. 黃鶯出谷：沉櫻散文
　　　　　　　　春的聲音

695. 永遠嘹喨：沙牧詩集
　　　　　　　　死不透的歌

696. 推窗夜景：杜國清詩集
　　　　　　　　望月

697. 求媳：李永平小說
　　　　　　　　拉子婦

698. 大飽眼福：李昂小說
　　　　　　　　花季

699. 現代我語：李敖散文集
　　　　　　　　傳統下的獨白

700. 宿孽：李曼瑰劇作
　　　　　　　　冤家路窄

701. 一盞獨明：李喬小說
　　　　　　　　孤燈

702. 歐洲？美洲：李歐梵散文
　　　　　　　　西潮的彼岸

703. 趕搭：歇後格，李黎小說
　　　　　　　　最後夜車

704. 似水似夢：巫永福小說
　　　　　　　　時光

705. 三百六十四之外：吳念真小說
　　　　　　　　特別的一天

706. 父字：吳晟詩集

向孩子說

707. 溪州風光：吳晟詩集

吾鄉印象

708. 無街不美：吳望堯詩集

玫瑰城

709. 一人為王：周夢蝶詩集

孤獨國

710. 植物重生：周夢蝶詩集

還魂草

711. 胡說大成：吳魯芹散文

瞎三話四集

712. 出入新大陸：吳魯芹散文

美國去來

713. 黃膚的小孩：吳濁流小說

亞細亞的孤兒

714. 任性的賭徒：何凡散文

不按牌理出牌

715. 六石成書：何凡散文

磊磊集

716. 等待成全：何欣散文

未實現的諾言

717. 鬼話：余光中詩集

萬聖節

718. 秉燭上遊：余光中詩集
　　　　　　　　天國的夜市

719. 穩敗：余光中詩集
　　　　　　　　與永恒拔何

720. 三級地理老師：余光中散文
　　　　　　　　憑一張地圖

721. 非春非夏非冬：於梨華小說
　　　　　　　　也是秋天

722. 晴後陰雨：於梨華小說
　　　　　　　　變

723. 我你他：於梨華小說
　　　　　　　　三人行

724. 夕陽西下：楊念慈小說
　　　　　　　　落日

725. 廣陵散：楊海宴小說
　　　　　　　　絕唱

726. 好看的東西：楊喚詩集
　　　　　　　　風景

727. 漏了雨季：葉石濤小說
　　　　　　　　晴天與陰天

728. 不是神仙意：葉曼散文
　　　　　　　　世間情

729. 不吃不穿，安住安行：葉榮鐘散文
　　　　　　　　小屋大車集

730. 睡了一半：葉維廉詩集

　　　　　　　　醒之邊緣

731. 閒逸：董橋散文

　　　　　　　　另外一種心情

732. 很想回去：廖輝英小說

　　　　　　　　不歸路

733. 不是紳士非流氓：趙滋蕃小說

　　　　　　　　半下流社會

734. 太平洋不嘯：趙滋蕃小說

　　　　　　　　海笑

735. 鄉村兒：臺靜農小說集

　　　　　　　　地之子

736. 夏日恒春：蓉子詩集

　　　　　　　　七月的南方

737. 女賊：熊式一劇作

　　　　　　　　樑上佳人

738. 真沒面子：管管詩集

　　　　　　　　荒蕪之臉

739. 七十壞：鄭清文小說

　　　　　　　　不良老人

740. 有吃有穿，此物誰傳？：鄭愁予詩集

　　　　　　　　衣缽

741. 人生錄：潘人木小說

　　　　　　　　如夢記

742. 人生一切都在斯矣：潘人木小說
　　　　　　　哀樂小天地

743. 血水之愛：潘壘小說
　　　　　　　紅河戀

744. 超越戰亂：作家名
　　　　　　　賴和

745. 文忠嫡嗣：作家名
　　　　　　　歐陽子

746. 十打雌雄：蔣芸散文集二
　　　　　　　一百二十個女人
　　　　　　　一百二十個男人

747. 乘涼記：劉大任小說
　　　　　　　晚風習習

748. 天寶詩人韻事：龍瑛宗小說
　　　　　　　杜甫在長安

749. 解不開的心鎖：敻虹詩集
　　　　　　　愛結

750. 四顧茫茫：謝冰瑩小說
　　　　　　　霧

751. 礦物學課題：戴天詩集
　　　　　　　石頭的研究

752. 世界如家：鍾梅音散文
　　　　　　　海天遊蹤

753. 失落到底：鍾肇政小說

　　　　　　　　　沉淪

754. 心肝內人：鍾曉陽

　　　　　　　　　愛妻

755. 坐在虛無上：羅門詩集

　　　　　　　　　隱形的椅子

756. 人人攀登人人怕：羅門詩集

　　　　　　　　　死亡之塔

757. 耶穌接招：蘇雪林散文

　　　　　　　　　猶大之吻

758. 藍空變色：蘇雪林小說

　　　　　　　　　綠天

759. 萬劫不復之域：瘂弦詩集

　　　　　　　　　深淵

760. 一牢一犯：打一字

　　　　　　　　　回

761. 羞羞澀澀：詩人名

　　　　　　　　　阮囊

762. 商代名相做地方官：陳若曦小說

　　　　　　　　　尹縣長

763. 尚武國：陳映真小說

　　　　　　　　　將軍族

764. 春天到了：詩人名

　　　　　　　　　季紅

765. 屋裡住牛牛非牛：打一字

牢

766. 準備夜光杯：李白名詩

將進酒

767. 堯：孟浩然詩一句

春眠不覺曉

768. 北平故事：林語堂小說

京華煙雲

769. 悍妻下手：李昂小說

殺夫

770. 長安洛陽：川端康成小說

古都

771. 要什麼：貝羅小說

何索

772. 林海峰：鍾阿城小說

棋王

773. 阿里山神木：鍾阿城小說

樹王

774. 烹肉新聞：金庸小說

鹿鼎記

775. 日不落國：張健詩集

永恒的陽光

776. 十七子紀事：魯迅小說

阿Q正傳

777. 東方既明：海明威小說

　　　　　　　　　日出

778. 不毛之地：艾略特名詩

　　　　　　　　　荒原

779. 豐隆玩彈弓：現代科學名詞

　　　　　　　　　雷射

780. 手心濕了：余光中評論集

　　　　　　　　　掌上雨

781. 蒙古綠洲怨：余光中評論集

　　　　　　　　　青青邊愁

782. 攻擊倫敦：明代畫家名

　　　　　　　　　仇英

783. 旱鴨子：宋代詩人名

　　　　　　　　　陸游

784. 神遊：林彧詩集

　　　　　　　　　夢要去旅行

785. 情感法：林彧詩集

　　　　　　　　　戀愛遊戲規則

786. 不老植物：林海音散文

　　　　　　　　　長青樹

787. 早晨看天：林海音小說

　　　　　　　　　曉雲

788. 因緣：林海音小說

　　　　　　　　　婚姻的故事

789. 槐：林泠詩集

　　　　　　　在植物與幽靈之間

790. 一人行：林煥彰詩集

　　　　　　　孤獨的時刻

791. 文學院的事：出版社名

　　　　　　　文史哲

792. 海也不知道：東方玉小說

　　　　　　　無名島

793. 財迷腦袋：東方白小說

　　　　　　　黃金夢

794. 大江東去：東方白小說

　　　　　　　浪淘沙

795. 手、腦都不行：商禽詩集

　　　　　　　用腳思想

796. 老不見太陽：孟瑤小說

　　　　　　　幾番風雨

797. 落日：孟瑤小說

　　　　　　　斜暉

798. 中華土地：易君左散文

　　　　　　　祖國山河

799. 夢仙：周腓力散文

　　　　　　　萬事莫如睡覺急

800. 此君翱翔五洋：周策縱詩集

　　　　　　　海燕

801. 少女的故事：季季小說

　　　　　　　　　屬於十七歲的

802. 關公張飛：金兆小說

　　　　　　　　　大將軍

803. 新文化展覽：金兆小說

　　　　　　　　　五四廣場

804. 法魔：金恒杰散文

　　　　　　　　　巴黎的蠱惑

805. 哈哈，誰敢惹我！：金庸小說

　　　　　　　　　笑傲江湖

806. 走吧：非馬詩集

　　　　　　　　　路

807. 青菜豆腐：洪炎秋散文

　　　　　　　　　常人常談

808. 老人皆移民矣：洪素麗散文

　　　　　　　　　黑髮城市

809. 農夫：洪醒夫小說

　　　　　　　　　田莊人

810. 心之川：洛夫詩集

　　　　　　　　　靈河

811. 氾濫：洛夫詩集

　　　　　　　　　無岸之河

812. 芙蓉造反：洛夫詩集

　　　　　　　　　眾荷喧嘩

813. 紅樓醇醪：洛夫詩集

　　　　　　釀酒的石頭

814. 九月九日：姜貴小說

　　　　　　重陽

815. 揚子流域：姜貴小說

　　　　　　江南江北

816. 婚禮之後：姜貴小說

　　　　　　喜宴

817. 老公滿分：施叔青小說

　　　　　　完美的丈夫

818. 演員和觀眾：施叔青小說

　　　　　　臺上臺下

819. 戀愛間諜：施叔青小說

　　　　　　情探

820. 撒哈拉故事：施叔青小說

　　　　　　那些不毛的日子

821. 吳三桂啓唇：南宮搏小說

　　　　　　圓圓曲

822. 岳飛往事：南宮搏小說

　　　　　　風波亭

823. 他方：柏楊散文

　　　　　　異域

824. 香豔濕：胡品清散文

　　　　　　玫瑰雨

825. 永不沉沒：胡秋原著作
　　　　　　　同舟共濟
826. 不公開的思想：思果散文
　　　　　　　私念
827. 十月的東方明珠：思果散文
　　　　　　　香港之秋
828. 美不勝收：思果散文
　　　　　　　看花集
829. 由達文西畫起：思果散文
　　　　　　　藝術家肖像
830. 神祕情節：段彩華小說
　　　　　　　幕後
831. 癢死人：段彩華小說
　　　　　　　一千個跳蚤
832. 離婚：段彩華小說
　　　　　　　花燭散
833. 半隻孔雀：姚一葦劇作
　　　　　　　來自鳳凰鎮的人
834. 猴兒猴女：姚一葦劇作
　　　　　　　申生
835. 神祕女郎：姚一葦劇作
　　　　　　　X 小姐
836. 寒酸的行李：姚一葦劇作
　　　　　　　一口箱子

837. 只有海鷗天天來：紀弦詩集

　　　　　　　　無人島

838. 淒涼嗎？：紀弦詩集

　　　　　　　　晚景

839. 滔滔不絕：紀剛小說

　　　　　　　　滾滾遼河

840. 模範少年：席慕蓉詩集

　　　　　　　　無怨的青春

841. 一人爽心：高大鵬詩集

　　　　　　　　獨樂園

842. 無心灣：高陽小說

　　　　　　　　避情港

843. 夫妻情人一起住：高陽小說

　　　　　　　　愛巢

844. 好男女一起上榜：高陽小說

　　　　　　　　鴛鴦譜

845. 爽口蔬菜：高陽小說

　　　　　　　　小白菜

846. 觀物：捲簾格，馬森論集

　　　　　　　　東西看

847. 秉燭行：馬森小說

　　　　　　　　夜遊

848. 良伴：師範小說

　　　　　　　　與我同在

849. 晚晴：師範小說

　　　　　　　遲來的幸運

850. 子時失蹤：倪匡小說

　　　　　　　夜遁

851. 肚子餓的方法：夏宇詩集

　　　　　　　腹語術

852. 屋外聚禽：夏志清散文

　　　　　　　雞窗集

853. 濺到天空落下來：夏菁詩集

　　　　　　　噴水池

854. 兩代恨怨：徐訏小說

　　　　　　　父仇

855. 二人成偶：徐訏小說

　　　　　　　婚事

856. 易水寒：徐訏小說

　　　　　　　風蕭蕭

857. 風險忒多：徐訏小說

　　　　　　　江湖行

858. 花香之前：徐訏小說

　　　　　　　鳥語

859. 英人沉默：徐鍾珮散文

　　　　　　　靜靜的倫敦

860. 孃孃不絕：徐鍾珮小說

　　　　　　　餘音

861. 太陽神話重演：奚淞小說

　　　　　　　夸父追日

862. 六呎七十歲：法國文學名著

　　　　　　　高老頭

863. 抓駒：歐洲地名

　　　　　　　羅馬

864. 跑道大賭：捲簾格，歐洲地名

　　　　　　　馬賽

865. 二百五十年：陳香梅散文

　　　　　　　一千個春天

866. 猜著猜不著：陳香梅小說

　　　　　　　謎

867. 初萌：陳紀瀅小說

　　　　　　　春芽

868. 紅土高原：陳紀瀅小說

　　　　　　　赤地

869. 抗日戰爭：陳紀瀅小說

　　　　　　　華夏八年

870. 白雲背景：陳紀瀅小說

　　　　　　　藍天

871. 迎神祈福：陳黎詩集

　　　　　　　廟前

872. 多神派：黃凡小說

　　　　　　　上帝們

873. 一回不夠：黃凡小說
　　　　　　你只能活兩次
874. 真不結實：黃用詩集
　　　　　　無果花
875. 好年輕，怎麼沒了老公：黃春明小說
　　　　　　小寡婦
876. 敲了就響：黃春明小說
　　　　　　鑼
877. 中日雙聲 byebye：黃春明小說
　　　　　　莎喲娜啦・再見
878. 從此夜夜淚漣漣：黃海小說
　　　　　　最後的樂園
879. 不看不聽不嗅：黃荷生詩集
　　　　　　觸覺生活
880. 岳飛餘音：莊因散文
　　　　　　八千里路雲和月
881. 仰首便見：梁實秋散文
　　　　　　看雲集
882. 家裡遊戲：梁實秋散文
　　　　　　雅舍小品
883. 只能約會何仙姑：梁錫華散文
　　　　　　八仙之戀
884. 獨缺法律：英國文學名著
　　　　　　理性與感性

885. 倫敦巴黎：英國文學名著
　　　　　　　雙城記

886. 軍人之戀：許茂昌詩集
　　　　　　　少尉的最後一吻

887. 哀喜交集：許達然散文
　　　　　　　含淚的微笑

888. 牢不可拔，沒有鑰匙：郭良蕙小說
　　　　　　　心鎖

889. 男士走開：郭良蕙小說
　　　　　　　女人的事

890. 夜曲：鹿橋小說
　　　　　　　未央歌

891. 兒啊：鹿橋小說
　　　　　　　人子

892. 故鄉河：曹又方散文
　　　　　　　門前一道清流

893. 句句是假：張大春小說
　　　　　　　大說謊家

894. 春夏猶豫：張永祥劇作
　　　　　　　秋決

895. 包裹：捲簾格，名導演
　　　　　　　李行

896. 酷甜交通工具：張系國小說
　　　　　　　香蕉船

897. 天上來的：張系國小說
　　　　　　　　黃河之水
898. 咩咩溫情：張秀亞散文
　　　　　　　　牧羊女
899. 濃縮光陰：張秀亞散文
　　　　　　　　人生小品
900. 春獵：張拓蕪詩集
　　　　　　　　五月狩
901. 永恒之情：張漱菡小說
　　　　　　　　意難志
902. 智者止步：張愛玲散文
　　　　　　　　流言
903. 大眼睛：張愛玲散文
　　　　　　　　張看
904. 唐人復活：張愛玲小說
　　　　　　　　傳奇
905. 紅土高原情依依：張愛玲小說
　　　　　　　　赤地之戀
906. 插苗清唱：張愛玲小說
　　　　　　　　秧歌
907. 碧海青天夜夜心：張愛玲小說
　　　　　　　　怨女
908. 纏綿五十年：張愛玲小說
　　　　　　　　半生緣

909. 雲霞：張默詩集

　　　　　　　上昇的風景

910. 墳墓抑天堂？：張曉風散文

　　　　　　　地毯的那一端

911. 鶯鳴：張錯詩集

　　　　　　　鳥叫

912. 問莊子去：馮青詩集

　　　　　　　快樂或不快樂的魚

913. 大颱風：馮馮小說

　　　　　　　狂飆

914. 抬頭見媽媽：琦君散文

　　　　　　　母心似天空

915. 貓狗兔羊全來身邊：琦君散文

　　　　　　　我愛動物

916. 清晨光景不在日：彭歌小說

　　　　　　　落月

917. 五丈原奇觀：彭歌小說

　　　　　　　流星

918. 梵谷同志：覃子豪詩集

　　　　　　　向日葵

919. 有色無香：喻麗清小說

　　　　　　　紙玫瑰

920. 虎豹獅：無名氏小說

　　　　　　　野獸‧野獸‧野獸

921. 白馬王子何在？：無名氏小說
　　　　　　　塔裡的女人

922. 想也想不清楚：無名氏小說
　　　　　　　一百萬年以前

923. 十二月底的風景：無名氏小說
　　　　　　　聖誕紅

924. 罌粟：無名氏小說
　　　　　　　花的恐怖

925. 大步走去：舒凡小說
　　　　　　　行過曠野

926. 家務：舒暢小說
　　　　　　　院中故事

927. 好兄弟：楊青矗小說
　　　　　　　同根生

928. 童子雞：楊青矗小說
　　　　　　　在室男

929. 無物：楊牧詩集
　　　　　　　有人

930. 河邊：楊牧詩集
　　　　　　　水之湄

931. 岩漿臨頭：楊牧散文
　　　　　　　飛過火山

932. 駐守西寧：古人名
　　　　　　　衛青

933. 妙手回春：古人名

　　　　　　霍去病

934. 乍然開朗：古人名

　　　　　　霍光

935. 罪：論語四句

　　　　　　非禮勿視、非禮勿聽
　　　　　　非禮勿言、非禮勿動

936. 車上裝土，車旁倚戈：打一字

　　　　　　載

937. 降俄：地名

　　　　　　北投

938. 上帝夫人：地名

　　　　　　天母

939. 良家婦人：打一字

　　　　　　娘

940. 心生一計：打一字

　　　　　　必

941. 白雲：國名

　　　　　　高棉

942. 還鄉記：陶潛名詩

　　　　　　歸園田居

943. 南下佳里：詩經一句

　　　　　　適彼樂土

944. 長途辛苦：楚辭一句

路修遠以多艱兮

945. 神仙遊樂場：浙江山名

天台

946. 只欠天空：國名

海地

947. 聰明人佔便宜：國名

智利

948. 青海：法國詩人

藍波

949. 轎車佳人：法國詩人

馬拉美

950. 印度之音人間罕聞：法國詩人

梵樂希

951. 人己合一：打一字

俄

952. 小人：打一字

射

953. 弓箭手：打一字

躬

954. 春光明媚蜂蝶鬧

蠢

955. 新郎的工作：大陸地名

開封

956. 落日掩草：大陸地名

　　　　　　　　洛陽

957. 銀河渡口：大陸地名

　　　　　　　　天津

958. 天地一家：大陸地名

　　　　　　　　大連

959. 彷彿一立方：打一字

　　　　　　　　旁

960. 臘月的太陽：打一字

　　　　　　　　晴

961. 福特失竊：打一字

　　　　　　　　軼

962. 御林：打一字

　　　　　　　　琳

963. 捉：成語一

　　　　　　　手足之情

964. 授業、解惑：宋代人名

　　　　　　　陳師道

965. 多心：打一字

　　　　　　　　惢

966. 矢射狼邊犬：漢初名人

　　　　　　　張良

967. 上帝做木匠：北京城地名

　　　　　　　天安門

968. 人無一月閒：打一字

們

969. 岳飛：本省地名

鳳山

970. 關公：本省地名

高雄

971. 碼頭罷工：北部地名

關渡

972. 黑鳥黑鳥黑鳥：北部地名

烏來

973. 九人分物：北部地名

九份

974. 口：本省地名

台南、臺中

975. 一：本省地名

田尾

976. ム：本省地名

台北

977. 十：本省地名

田中、斗南

978. 豔：本省地名

美濃

979. 木：本省地名

林邊

980. 回：北部地名

八堵

981. 理：東部地名

玉里

982. 凵：北部地名

深坑

983. 蓿：中部地名

草屯

984. 小：臺北縣地名

中州

985. 晶：宜蘭縣地名

三星

986. 垚：臺南地名

三地

987. 淼：廣東地名

三水

988. 冰：本省地名

二水

989. 泉：本省地名

清水

990. 鳴：本省地名

鶯歌

991. 灕：本省地名

鹿港

992.砆：本省地名

　　　　　　　　礁溪

993.沽：本省地名

　　　　　　　　西湖

994.壯：苗栗地名

　　　　　　　　南莊

995.尸：捲簾格，本省地名

　　　　　　　　頭屋

996.娌：本省地名

　　　　　　　　后里

997.淌：本省地名

　　　　　　　　水上

998.游泳女選手：打一字

　　　　　　　　婆

999.海灘春色：打一字

　　　　　　　　娑

1000.極品：打一字

　　　　　　　　口

1001.老當益壯：南部地名

　　　　　　　　後勁

1002.世凱非正色：金庸小說人物

　　　　　　　　袁紫衣

1003.冷山：金庸小說人物

　　　　　　　　蕭峰

1004.此時名聲：金庸小說人物

　　　　　　　　段譽

1005.中空筍兒：金庸小說人物

　　　　　　　　虛竹

1006.日進一里：打一字

　　　　　　　　量

1007.劉徹：大陸地名（捲簾格）

　　　　　　　　武漢

1008.林中戰爭：打一字

　　　　　　　　槑

1009.絕後：桃園地名

　　　　　　　　缺子

1010.靠天吃飯：打一字

　　　　　　　　吳

1011.一點一橫長，雙腿交叉長：打一字

　　　　　　　　文

1012.一打國王加八個

　　　　　　　　弄

1013.邯鄲慶昇平：作家名

　　　　　　　　趙寧

1014.黨綱黨義：打一字

　　　　　　　　讜

1015.良駿運佳材：運動名

　　　　　　　　馬拉松

1016.牛羊猶沉睡：學界人物名

　　　　　　馬先醒

1017.天上陰森森：本省地名

　　　　　　雲林

1018.百百花卉：本市地名

　　　　　　萬華

1019.很少人懂風雅了：俞大綱論集

　　　　　　寥音詩話

1020.食物手冊：羅青詩集

　　　　　　吃西瓜的方法

1021.渡過巴士海峽：大陸地名

　　　　　　濟南

1022.胡桃：國名

　　　　　　剛果

1023.瞎子打虎：叢甦小說名

　　　　　　盲獵

1024.文字潮：出版社名

　　　　　　書泉

1025.兩週詩句：詩體名

　　　　　　十四行

1026.和尚不戴帽，青天不見日：打一字

　　　　　　佃

1027.一虫飲盡河中水：打一字

　　　　　　蚵

1028.早晨的太陽：詩經篇名

東方之日

1029.草包：詩經篇名

苞

1030.樓上落雨樓下晴：打一字

杳

1031.太太的眼淚：打一字

汰

1032.血：疾病名

敗血症

1033.身中廿八刀，柵欄上種草：國名

芬蘭

1034.太平洋：打一字

汪

1035.服從一半：打一字

叛

1036.兩人行：打一字

徒

1037.空中之香：詞牌一

杏花天

1038.想不完：詞牌一

長相思

1039.世界大同：詞牌一

清平樂

1040.趕快躲：詞牌一

醜奴兒近

1041.偷雞：詞牌一

摸魚兒

1042.小河童：詞牌一

江神子

1043.牛郎織女：詞牌一

鵲橋仙

1044.梁山伯喜不自勝：詞牌一

祝英臺近

1045.忘了美麗的另一半：詞牌一

賀新郎

1046.大家和和氣氣收場：詞牌一

定風波

1047.佛也皺眉：詞牌一

菩薩蠻

1048.初試口紅：詞牌一

點絳唇

1049.明天結婚：詞牌一

好事近

1050.白色毛毛蟲變的：詞牌一

粉蝶兒

1051.三隻狡兔：打一字

究

1052.赤色符號：美國長篇小說名
　　　　　　　　　紅字

1053.郊遊開口：美國劇本名
　　　　　　　　　野宴

1054.菊花流淚：美國女明星
　　　　　　　　　金露華

1055.最初的路：韓愈文一
　　　　　　　　　原道

1056.男子吃飯：大陸地名
　　　　　　　　　漢口

1057.軍人集中地：大陸地名
　　　　　　　　　武昌

1058.翼德怒吼：大陸地名
　　　　　　　　　張家口

1059.武術魁首：三國人名
　　　　　　　　　司馬師

1060.夏衣多閃光：三國人名
　　　　　　　　　諸葛亮

1061.歐美健兒：大陸地名
　　　　　　　　　西康

1062.手語：打一字
　　　　　　　　　指

1063.禮義廉恥，國色天香：作家名
　　　　　　　　　羅蘭

1064.傾聽佳卉美草：作家名

　　　　　聶華苓

1065.域：杜甫五律一句

　　　　　國破山河在

1066.椿：杜甫五律一句

　　　　　城春草木深

1067.汨：杜甫五律一句

　　　　　感時花濺淚

1068.惟：杜甫五律一句

　　　　　恨別鳥驚心

1069.灸：杜甫五律一句

　　　　　烽火連三月

1070.玫：杜甫五律一句

　　　　　家書抵萬金

1071.貝：杜甫五律一句

　　　　　白頭搔更短

1072.潛：杜甫五律一句

　　　　　渾欲不勝簪

1073.命師神算，長壽百年：諾貝爾文學獎得主

　　　　　吉卜齡（1907）

1074.汪汪大洋，文思蕩蕩：諾貝爾文學獎得主

　　　　　海才（1910）

1075.越南西邊，烽火連天：諾貝爾文學獎得主

　　　　　泰戈爾（1913）

1076.泱泱歐邦，陽光之郎：諾貝爾文學獎得主
法朗士（1921）

1077.千花百卉，不如我惠：諾貝爾文學獎得主
葉慈（1923）

1078.齊梁老爸，不善說話：諾貝爾文學獎得主
蕭伯訥（1925）

1079.商代騎兵，文質彬彬：諾貝爾文學獎得主
湯馬士・曼（1929）

1080.彼生平平，天下安定：諾貝爾文學獎得主
伊凡・布寧（1933）

1081.無價之寶，遠勝瑪瑙：諾貝爾文學獎得主
賽珍珠（1938）

1082.大哉大哉，玉門關外：諾貝爾文學獎得主
赫塞（1946）

1083.仁義忠孝，獨家報導：諾貝爾文學獎得主
紀德（1947）

1084.天網盈盈，不納羶腥：諾貝爾文學獎得主
羅素（1950）

1085.上上下下，無一不睯：諾貝爾文學獎得主
卡謬（1957）

1086.茫茫戈壁，非同凡比：諾貝爾文學獎得主
沙特（1964）

1087.斯人不凡，相思潺潺：諾貝爾文學獎得主
懷特（1973）

1088.浩浩湯湯，玄德關張：諾貝爾文學獎得主
　　　　　　　　大江健三郎（1994）

1089.蕩蕩上帝，自強不息：諾貝爾文學獎得主
　　　　　　　　高行健（2000）